AF349952

VENTE
Le Mercredi 31 Mai 1905
A 2 HEURES 1/4
HOTEL DROUOT, SALLE N° 9

EXPOSITION PUBLIQUE
Le Mardi 30 Mai 1905
DE 2 HEURES A 6 HEURES

TABLEAUX
Anciens et Modernes

PAR

Benjamin Constant, Jacquet, Marioton, Orange
Pille, Vollon, etc.

GRAVURES ANCIENNES
Meubles et Objets d'Art

Mᵉ BRAOUÉZEC
COMMISSAIRE-PRISEUR
41 — rue de la Victoire — 41

M. FICHET
EXPERT
35 — rue la Boëtie — 35

CONDITIONS DE LA VENTE

La vente sera faite expressément au comptant.

Les acquéreurs paieront *dix pour cent* en sus du prix d'adjudication.

L'exposition mettant le public à même de se rendre compte de la nature et de l'état des objets, aucune réclamation ne sera admise une fois l'adjudication prononcée.

PARIS. — IMP. C. CHAUFOUR, 8 & 10, RUE MILTON

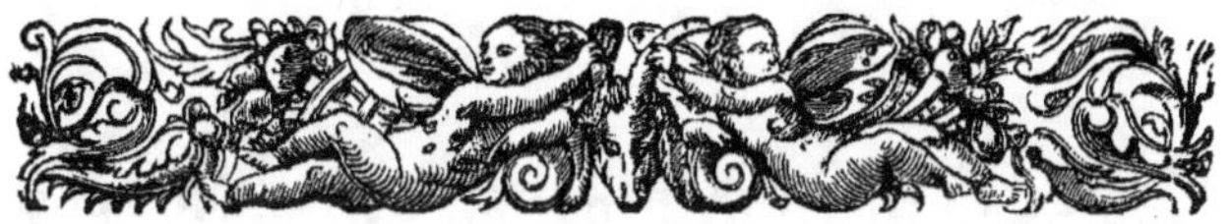

DÉSIGNATION

---

1 — BAPTISTE (Ecole de). Nature morte. Fleurs.

2 — BELLANGER. Paysage avec petit pont. Gouache.

3 — BOUCHER (Attribué à). La cueillette des fleurs. Sanguine.

4 — BOUCHER (Genre de). Scène de genre.

5 — CAUZI. Le Pêcheur.

6 — CHARLET. Un Maréchal de l'Empire. Dessin gouaché.

7 — CHOUBRAC. Un tour de valse. Projet d'affiche.

8 — CLOUET (Attribué à). Portrait de femme. Cadre en écaille.

9 — CONSTANT (Benjamin). Turc assis.

10 — CONSTANT (Benjamin). Tête de Samson.

11 — CONSTANT (Benjamin). La fortune et la gloire, arrivant après la mort de l'artiste.

12 — DIAZ (Ecole de). Baigneuse dans un paysage.

13 — DUBUFE (Attribué à Edouard). Portrait de femme.

14 — FATERA. Femme jouant de la cithare. Effet de clair de lune.

15 — FONTAINEBLEAU (Ecole de). Sujet mythologique. Dessin gouaché.

16 — FRANCK (Attribué à François). La Crucification.

16 *bis* — FRANCK (Attribué à). Enfant et son chien.

17 — GILBERT. La Bouquetière.

18 — HERSON (Attribué à Juliette). Une visite à l'écurie.

19 — HERSON (Attribué à Juliette). Le chat et l'oiseau.

20 — HUET (D'après J. B.). Scène pastorale.

21 — HUYSAUD dit de Malines (Attribué à). Paysage.

22 — IHLY. Le petit ramoneur.

23 — ISABEY (Attribué à J. B.). Portrait du duc d'Orléans.

24 — JACQUET. La Fête. Esquisse,

25 — KAUFMANN (Attribué à). Amour. Dessin rehaussé de gouache.

26 — LAFOSSE. La Lettre d'amour.

27 — LE BOULANGER. Portrait de Georges Sand.

28 — MARIOTON. Projet de plafond.

29 — MAVATI (C. de). Sujet religieux. Dessin
rehaussé de gouache.

30 — MIGNARD (Pierre). Portrait de Marie de
Savoie, duchesse de Bourgogne.

31 — MONTICELLI (Ecole de). Scène de genre.

32 — MURILLO (Ecole de). Assomption.

33 — ORANGE. Un cavalier.

34 — ORANGE (Maurice). Le Débarquement
des corsaires. Esquisse.

35 — ORANGE (Maurice). Cavalier interro-
geant une petite fille.

36 — PICOT. Mademoiselle Mars et Talma.
Deux gravures anciennes.

37 — PILLE (H.) Le docteur Pinel au milieu des
fous. Dessin à la plume.

38 — REMBRANDT (Ecole de). Vieillard. Cadre
en bois scuplté.

39 — REMBRANDT (D'après). L'inspiration.

40-42 — STEINLEIN. Suite de douze dessins dans un même cadre : Polichinelle et la Portière.

43 — TAMIZIER. Paysage avec personnages.

44 — VAN-DICK. La Descente de croix. Gravure.

45 — VAN-DICK (Ecole de). Portrait d'homme.

46 — VAN OSTADE (d'après). Les fumeurs.

47 — VAN-OSTADE (Ecole de). Les porcs.

48 — VERNET (Attribué à J.) Paysage animé de personnages.

49 — VIERGE (Daniel). La mort du cochon. Dessin à la plume.

50 — VISCONTI. Paysage.

51 — VOLLON. Nature morte.

52 — VRANES (Attribué à). Vue de Venise.

53 — WATTEAU (Attribué à). Scène champêtre. Sanguine.

54 — WILLEMS (Ecole de). Intérieur.

55 — WOUWERMAN. Un camp sous Louis XIV.

56 — WOUWERMAN. Le Départ.

57 — WOUWERMAN. Le chargement d'un navire.

58 — ZIEM (Genre de). Paysage.

59 — ECOLE ESPAGNOLE. Portrait d'Infante.

60 — ECOLE ESPAGNOLE. Portrait d'un militaire.

61 — ECOLE FLAMANDE. Scène de boudoir.

62 — ECOLE FRANÇAISE. Portrait d'homme du temps de Louis XIV.

63 — ECOLE FRANÇAISE. Portrait de femme du temps de Louis XIV.

64 — ECOLE FRANÇAISE. Paysage.

65 — ECOLE FRANÇAISE. Paysage.

66 — ECOLE FRANÇAISE. Portrait d'homme du temps de Louis XV.

67 — ECOLE FRANÇAISE. Paysage.

68 — ECOLE FRANÇAISE. Portrait d'homme.

69 — ECOLE FRANÇAISE. Portrait d'homme.

70 — ECOLE FRANÇAISE. La femme au perroquet.

71 — ECOLE FRANÇAISE. Gouache, avec scènes de l'époqne Louis XIV.

72 — ECOLE FRANÇAISE. Paysage.

73 — ECOLE FRANÇAISE. Paysage.

74 — ECOLE FRANÇAISE. Portrait d'homme du temps de Louis XV.

75 — ECOLE HOLLANDAISE. Portrait d'homme.

76 — ECOLE HOLLANDAISE. Marine.

77 — ECOLE ITALIENNE. Tête d'enfant.

78 — ECOLE ITALIENNE. La sainte famille.

79 — ECOLE ITALIENNE. La Circoncision.

80 — ECOLE ITALIENNE· Sainte famille.

81 — ECOLE MODERNE. Nature morte, fruits.

82 — ECOLE MODERNE. Tête de vieillard.
Etude.

83 — ECOLE MODERNE. Portrait de femme.

84 — ECOLE MODERNE. Une rue à Lannion.

85 — ECOLE MODERNE. Une rue à Lannion.

86 — ECOLE MODERNE. Tête de femme.
Etude.

87 — ECOLE MODERNE. Tête de femme.
Dessin.

88 — ECOLE MODERNE. Portrait de jeune
garçon.

89 — ECOLE DU XVIIIe SIÈCLE. Dessin
rehaussé de gouache.

90 — ECOLE 1830. La Jarretière.

91 — Suite de quatre gravures anglaises:Spring, Autumn, Winter, Summer.

92 — Gravure en couleur : le Lion apprivoisé.

93 à 96 — Suite de huit gravures en couleurs à sujets mythologiques.

97 — Deux peintures chinoises : Fleurs et Oiseaux.

98 — Aquarelle japonaise.

MEUBLES ET OBJETS D'ART

99 — Meuble de salon en bois noir sculpté, recouvert en tapisserie d'Aubusson, composé : d'un canapé, quatre fauteuils et quatre chaises.

100 — Meuble à hauteur d'appui en bois doré avec peinture vernis Martin, dessus marbre blanc veiné.

101 — Petit bonheur du jour de style Louis XVI à étagère, et fond de glace, avec petite galerie de cuivre.

102 — Petite table rognon en acajou, dessus en
marbre rouge veiné garni de cuivre, de style
Louis XV.

103 — Guéridon en acajou garni de cuivre, de
style Louis XVI, dessus en marbre blanc.

104 — Table à jeu de style Louis XVI garnie de
bronzes, avec incrustations de nacre.

105 — Console en bois sculpté et doré, de style
Louis XV, dessus en marbre blanc.

106 — Guéridon en bois de rose garni de bronze,
dessus en marbre, entouré d'une galerie de
cuivre ajouré.

107 — Petit buste en terre cuite représentant
Madame de Lamballe.

108 — Eventail, sujet scène champêtre monture
en ivoire sculpté et ajouré. Epoque Louis XV.

109 — Lion formant brûle-parfum en bronze du
Japon.

110 — Deux tasses Empire avec leurs soucoupes.

111 — Petite pendule en bronze doré de style
Ier Empire.

112 — Vierge en bois sculpté de l'Epoque de
Louis XIV.

113 — Pendule directoire, supportée par deux
colonnes en marbre noir, ornées de bronze
ciselé et doré.

114 — Petite glace en porcelaine d'Allemagne, avec
fleurs et amours.

115 — Petite coupe en argent supportée par une
jeune femme symbolisant l'Helvétie.

116 — Coquille en nacre, sujet gravé : le massacre
des Innocents.

117 — Petite statuette en ivoire : Japonais portant
une cigogne.

118 — Noix de coco en bois sculpté et ciré, à
scènes diverses.

119 — Boîte rectangulaire à deux compartiments
en porcelaine de Chine.

120 — Boîte rectangulaire en ivoire finement sculpté et ajouré.

121 — Lot de soieries anciennes, brochées.

122 — Belle chasuble, en soie brochée avec armoiries.

123 — Christ byzantin en bronze.

123 *bis* — Album chinois, contenant des peintures sur papier de riz; couverture en soie.

124 — Petit christ en ivoire sur croix en bois.

125 — Petit flacon à odeur en cristal taillé, bouchon en argent doré finement ciselé.

126 — Deux frises de l'époque de Louis XIII, en bois sculpté et doré.

127 — Deux anges en bois sculpté Louis XIV.

128 — Objets omis.